Birgit Pachler

Noch mehr Nähspaß für Kinder

Birgit Pachler

NOCH MEHR Nähspaß für Kinder

Nähideen für Schulkinder

Leopold Stocker Verlag
Graz – Stuttgart

Umschlaggestaltung: DSR Werbeagentur Rypka GmbH, 8143 Dobl/Graz, www.rypka.at
Titelbild: Stephan Friesinger, Graz

Bildnachweis: Alle Fotos stammen dankenswerterweise von der Autorin.

Der Inhalt dieses Buches wurde von der Autorin und vom Verlag nach bestem Gewissen geprüft, eine Garantie kann jedoch nicht übernommen werden.
Die juristische Haftung ist ausgeschlossen.

Bibliografische Information der Deutschen Nationalbibliothek
Die Deutsche Nationalbibliothek verzeichnet diese Publikation in der Deutschen Nationalbibliografie; detaillierte bibliografische Daten sind im Internet unter http://dnb.d-nb.de abrufbar.

Hinweis: Dieses Buch wurde auf chlorfrei gebleichtem Papier gedruckt. Die zum Schutz vor Verschmutzung verwendete Einschweißfolie ist aus Polyethylen chlor- und schwefelfrei hergestellt. Diese umweltfreundliche Folie verhält sich grundwasserneutral, ist voll recyclingfähig und verbrennt in Müllverbrennungsanlagen völlig ungiftig.

Auf Wunsch senden wir Ihnen gerne kostenlos unser Verlagsverzeichnis zu:
Leopold Stocker Verlag GmbH
Hofgasse 5 / Postfach 438
A-8011 Graz
Tel.: +43 (0)316/82 16 36
Fax: +43 (0)316/83 56 12
E-Mail: stocker-verlag@stocker-verlag.com
www.stocker-verlag.com

ISBN 978-3-7020-1478-0
Alle Rechte der Verbreitung, auch durch Film, Funk und Fernsehen, fotomechanische Wiedergabe, Tonträger jeder Art, auszugsweisen Nachdruck oder Einspeicherung und Rückgewinnung in Datenverarbeitungsanlagen aller Art, sind vorbehalten.
© Copyright by Leopold Stocker Verlag, Graz; 3. Auflage 2021
Layout: Werbeagentur Rypka GmbH, A-8143-Dobl-Zwaring, www.rypka.at

Inhalt

Vorwort 7
Das braucht Ihr zum Nähen! 8
Wichtige Arbeiten 9
  Zuschnitt 9
  Füßchenbreit nähen 9
  Verriegeln 9
  Band oder Aufhänger 10
Utensilo für Ohrringe und Haarspangen 11
Kissen aus alten Jeans 14
Patchwork-Tischdecke 19
Mäppchen für die Schule 22
Jeansrock 26
Jeanstasche 30
Fahnengirlande für drinnen und draußen ... 33
Blumengirlande 35
Stiftemäppchen zum Einrollen 37
Kulturbeutel 40
Zottelmützen 42
Schablonen der Werkstücke 46
Danke! 58
Über die Autorin 59

Vorwort

Mein erstes Buch „Nähspaß für Kinder" sollte der Einstieg für Kinder in das Thema „Nähen mit der Nähmaschine" werden. Mit diesem Folgebuch „Noch mehr Nähspaß für Kinder" werden wir das bisher Gelernte weiter üben und natürlich Neues dazulernen. In diesem Buch nähen wir bereits Röcke, Taschen, Kissen und Deko-Artikel. Viele der hier enthaltenen Werkstücke sind für Jungs und Mädels! Der Kreativität sind hier keine Grenzen gesetzt.

Wie schon beim ersten Buch nähen die Kinder alle Werkstücke selbst! Ab und zu brauchen sie vielleicht mal die Hilfe eines Erwachsenen, aber generell ist das hier ein Nähbuch für Schulkinder! Alle Werkstücke, die hier beschrieben werden, wurden schon von vielen Kindern in meinen Nähkursen selbst erfolgreich genäht. Jede Menge Applikationen finden sich auch in diesem Buch, sodass einzelne Werkstücke öfters und dafür mit unterschiedlicher Dekoration genäht werden können. Gibt es was Cooleres, als seine Klamotten, Taschen oder Kissen selbst zu nähen?

Also ran an die Schablonen und viel Spaß beim Nähen wünscht Euch Birgit Pachler

Das braucht Ihr zum Nähen!

1. Eine Nähmaschine und immer ein passendes Nähgarn
2. Ein Nadelkissen mit Stecknadeln, Nähnadeln und Sicherheitsnadeln
3. Papier für die Schablonen, Stifte, ein langes Lineal und eine Papierschere
4. Eine Zuschneideschere und eine kleine Schere zum Abschneiden des Fadens
5. Ein Maßband
6. Schneiderkreide und einen Spitzer
7. Filzstifte zum Anzeichnen auf Fleece
8. Einen normalen Nähfuß und einen Reißverschlussfuß für die Nähmaschine
9. Ein Bügeleisen
10. Und Freunde – gemeinsames Nähen macht doppelt Spaß!

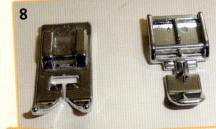

Wichtige Arbeiten

Zuschnitt

Bevor Ihr ein Werkstück näht, müsst Ihr es zuschneiden:

1. Schablone aus dem Buch herauskopieren oder selbst nach Vorgaben auf Papier aufzeichnen.
2. Stoff mit der rechten Seite (schöne Seite) nach unten auf den Tisch legen.
3. Schablone mit Stecknadeln anstecken und entweder mit Schneiderkreide oder Filzstiften nachzeichnen. Achtung: Die Striche dürfen aber auf der rechten Stoffseite nicht zu sehen sein.
4. Alle Teile sorgsam ausschneiden und in eine kleine Kiste geben, so dass nichts verloren geht!

Verriegeln

Am Anfang und am Ende einer jeden Naht müsst Ihr mehrmals vor- und zurücknähen. Somit wird dieser Teil der Naht fester und kann nicht so leicht aufgehen!

Füßchenbreit nähen

Das Nähmaschinenfüßchen schließt seitlich genau mit dem Stoff ab.

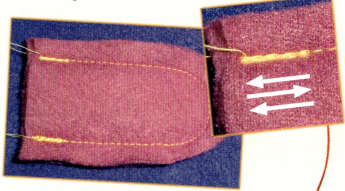

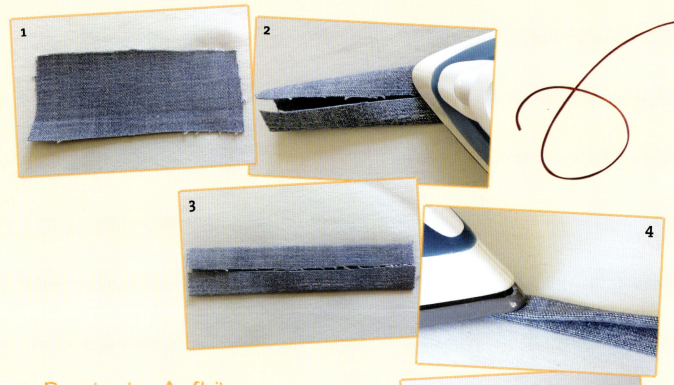

Band oder Aufhänger

Den Stoffstreifen auf die fertige Breite einbügeln: Dazu den Stoff links und rechts zur Mitte falten und bügeln (1, 2, 3). Dann nochmals zusammenlegen und nochmals bügeln (4, 5). Zuletzt die offene Kante mit der Nähmaschine zunähen (6). Das Bügeln können auch die Erwachsenen übernehmen!

Utensilo für Ohrringe und Haarspangen

Mädels haben jede Menge Schätze, so auch Hannah. Sie sollen gut behütet und aufbewahrt und doch auch bestaunt werden können. Mit diesem vielseitigen und gleichzeitig dekorativen Utensilo wird jedes Kinderzimmer aufgepeppt! Durch unterschiedliche Motive können viele Unikate genäht werden.

Wir brauchen:
- 1 x Schablone 1 aus Jeans für die Rückseite
- 1 x Schablone 1 aus buntem Baumwollstoff
- Stoffreste für die Applikation (Stern, Herz, Stiefel)
- etwas doppelseitige Klebevlieseline
- 3 Streifen aus Filz für Ohrringe (ca. 3 x 50 cm)

1. Schablonen auf Jeans und Baumwollstoff auflegen, feststecken, anzeichnen und ausschneiden (siehe Seite 9).
2. Die Herzschablone auf den Baumwollstoff und die Klebevlieseline auflegen, feststecken, anzeichnen und ausschneiden.
3. Hannah legt den Baumwollstoff aufs Bügelbrett. Zuerst platziert sie das Herz aus Klebevlieseline und legt dann das ausgeschnittene Jeansherz darauf. Dann wird gebügelt.

Geradstich in Pink

4. Ihr könnt Euch aussuchen, ob Ihr Eure Applikation mit dem Geradstich oder einem Zick-Zack-Stich aufnäht. Mit einem bunten Nähgarn kommt die Applikation noch besser zur Geltung.

5. Wie Hannah den Aufhänger näht, seht Ihr auf Seite 10.

6. Jetzt legt sie den Baumwollstoff mit dem Herz auf den Tisch. Dann steckt sie den Aufhänger oben in die Mitte des Baumwollstoffes mit Nadeln fest und näht kurz darüber.

8. Achtung: Nun müssen alle Teile im Inneren des Stoffes festgesteckt werden.

10. Sie beschneidet die Ecken unten links und rechts.

7. Am unteren geraden Teil steckt sie die drei Streifen aus Filz an und näht sie fest.

9. Das Jeansteil legt Hannah darauf, steckt es fest, zeichnet die Nahtlinie mit 1 cm an, plant die Öffnung (ca. 8 cm) zum Umdrehen ein und näht alles zusammen.

Tipp

Wenn Ihr ein Motiv auf einen Stoff aufnäht, nennt man dies eine Applikation. Hannahs Applikation ist ein Herz!

11. Alle Nadeln herausnehmen und wenden. Jetzt bügelt sie noch darüber.

12. Als Abschluss wird die Öffnung zugenäht, und wenn Ihr Lust habt, könnt ihr noch ein Muster rundum nähen. Hierfür könnt Ihr wieder ein buntes Nähgarn nehmen, sodass man das Muster gut erkennen kann.

13. Super Hannah, nun kannst Du all Deine Schätze aufhängen. Ordnung kann so cool sein!

Kissen aus alten Jeans

Alte Jeans gibt's in jedem Haushalt. Leonie und Tobi nähen sich ein Lieblingskissen fürs Kinderzimmer und zerschneiden hierfür ihre alten Jeanshosen. Diese Kissen kann man vielseitig gestalten. Ob Ihr Muffins, Mund, Stiefel, Herzen, Sterne, Fußball oder bunte Buchstaben draufnähen wollt – alles ist erlaubt! Je unterschiedlicher die Jeansflecken sind, desto cooler wirkt das Kissen!

Wir brauchen:
- 4 x Jeansflecken, 19 x 19 cm
- 2 x Jeansteile, 37 x 28 cm, für die Rückseite (hier könnt Ihr auch neuen Jeansstoff verwenden)
- jede Menge bunter Stoffreste aus Baumwolle, Bänder oder Spitze
- etwas beidseitige Klebevlieseline
- 1 Kissen, 35 x 35 cm, als Füllkissen für den Kissenüberzug

1. Tobi legt alle zugeschnittenen Applikationen auf die vorgesehenen Jeansflecken auf. Er hat die Fußbälle und den Fußballschuh aus einem Fußballstoff ausgeschnitten.
Hier könnt Ihr ausschneiden, was ihr wollt. Tobi hat eine Tasche aus einer alten Jeans ausgeschnitten.

Für den nächsten Fußballabend hat Tobi schon sein passendes Kissen!

2. Die Klebevlieseline auf dem Jeansfleck platzieren, die Applikation darauflegen und aufbügeln.

3. Er umnäht jedes aufgebügelte Motiv mit einem Zick-Zack-Stich. Oft sieht eine Kontrastfarbe ganz besonders toll aus.

4. Alle vier Teile fertignähen. Tobi hat viele Kontrastnähte aufgenäht – das sieht super aus!

5. Nun zwei Teile zusammennähen. Beide rechts auf rechts aufeinanderlegen, sodass die schöne Seite innen liegt.

6. Mit Stecknadeln zusammenstecken, 1 cm Nahtlinie anzeichnen …

… und mit Geradstich zusammennähen.

7. Die beiden Teile (oben und unten) werden genau gleich zusammengenäht.

8. Super Tobi, nun ist die Vorderseite fertig und sieht echt spitze aus! Bügeln nicht vergessen.

9. Jetzt näht er die Rückseite.
10. An den langen Kanten der Rückseitenteile bügelt Tobi zuerst 1 cm und dann 3 cm ein.

Tipp: Dieses Kissen hat keine Knöpfe und auch keinen Reißverschluss. Die beiden Seiten werden einfach übereinandergeschoben. Das nennt man Hotelverschluss.

11. Dann steckt er diese mit Stecknadeln fest und näht sie an.

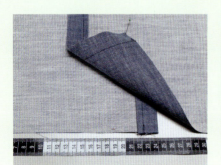

12. Tobi legt jetzt beide Teile so übereinander, dass die gesamte Breite 36 cm misst.

13. Das Stück, das überlappt, muss nun oben und unten an den Kanten festgesteckt, angezeichnet und zusammengenäht werden.

14. So sieht der fertige Hotelverschluss dann aus!

15. Tobi legt nun die Vorderseite auf die Rückseite, sodass beide schönen Seiten aufeinanderliegen.

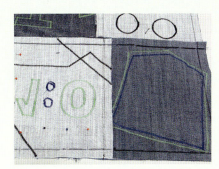

16. Mit Nadeln zusammenstecken, die Nahtlinie von 1 cm anzeichnen und zusammennähen.

17. Die Ecken etwas beschneiden, den Kissenbezug umdrehen und mit dem Füllkissen füllen. Fertig!

Leonie's Applikationen:
1. Muffin mit Blumen- und Kordstoff. Ganz toll wirkt hier auch die feine Spitze!

3. Den Mund hat Leonie außen mit einem breiten und innen mit einem schmalen Zick-Zack-Stich aufgenäht.

4. Und dann noch die Jeanstasche – hier wurde gleich die Tasche mit einem Stück Stoff aus der Hose ausgeschnitten.

2. Stiefel mit Bändern verziert – tolle Idee, Leonie!

Als Geschenk oder für die eigene Couch …

… ein selbstgenähtes Kissen ist einfach etwas Besonderes!

Patchwork-Tischdecke

Patchwork kommt aus dem Englischen und bedeutet Flickwerk. Man näht viele verschiedene Stoffe zusammen und kann auch Stoffreste gut verwerten. Diese kleine Decke kann als Tischdecke für unterschiedliche Jahreszeiten genäht werden. Marie näht ihre Decke für den Gartentisch, Leonie dagegen hat eine Decke für Ostern genäht. Mit winterlichen Stoffen wäre es auch ein tolles Weihnachtsgeschenk.

Wir brauchen:
- Patchwork-Tischdecke Schablone 1 (P1) 1 x rosa, 1 x Blümchen, 1 x kariert, 27 x 17 cm
- Patchwork-Tischdecke Schablone 2 (P2) 2 x rosa, 2 x kariert, 1 x Blümchen, 24 x 11 cm
- Rückseite: ca. 50 cm x 50 cm in Rosa

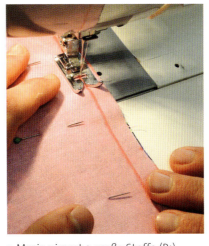

3. Marie bügelt die Nähte auf der linken Seite glatt.

1. Marie nimmt 2 große Stoffe (P1) und legt diese an der langen Seite rechst auf rechts aufeinander.
2. Mit Schneiderkreide zeichnet sie 1 cm Nahtlinie an und näht diese zusammen. Der dritte Teil wird anschließend angenäht.

Bei dieser Decke ist es wichtig, so genau wie möglich auszuschneiden und zu nähen.

Tipp

4. P2 fünfmal zuschneiden. Gleich wie bei P1 feststecken, zusammennähen und bügeln.

5. Dann zeichnet Marie einen Strich durch die Mitte und schneidet den Stoff den Strich entlang durch.

6. Nun legt sie alle drei Teile auf den Tisch. Oben und unten seht Ihr die durchgeschnittenen Teile und in der Mitte den großen Teil.

8. Die Nähte auf der linken Seite glatt bügeln.
9. Wahrscheinlich sind nun die Ränder nicht alle gleich lang. Marie zeichnet einen geraden Strich um die ganze Decke herum und beschneidet die Ränder so, dass sie perfekt aussehen.

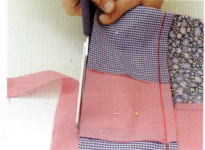

7. Beide äußeren Teile nun rechts auf rechts auf den mittleren Teil legen, feststecken, wieder 1 cm Nahtlinie anzeichnen und zusammennähen.

10. Dann die rosa Rückseite auf den Tisch legen. Die genähte Decke rechts auf rechts auflegen, feststecken. Den rosa Stoff bündig ausschneiden, 1 cm Nahtlinie anzeichnen und wieder zusammennähen. Aber Achtung: In der Mitte einer Seitennaht ca. 12 cm als Wendeöffnung offen lassen.

11. Jetzt beschneidet Marie die vier Ecken und wendet die Decke. Die Ecken mit der Scherenspitze in Form bringen und bügeln.

12. Zum Schluss näht sie die gesamte Decke knappkantig rundum zusammen. Dabei wird auch die 12-cm-Öffnung geschlossen. Fertig!

Tipp: Den gleichen Schnitt könnt ihr auch für eine Osterdecke verwenden!

Tipp: Ihr könnt aus der kleinen Tischdecke jederzeit eine große Tagesdecke machen. Näht diese Decke laut Anleitung insgesamt neunmal. Bevor Ihr jedoch die Rückseite aufnäht, näht Ihr alle neun Teile zu einem großen Quadrat zusammen. Dann ist die Decke ca. 140 x 140 cm groß. Anschließend wird dann die Rückseite aufgenäht. Schon habt ihr eine große, bunte Patchworkdecke.

Mäppchen für die Schule

Sophie näht ein neues Mäppchen für die Schule für sich. Das Tolle daran ist, dass sie es genau so lang und so hoch nähen kann, wie sie es haben möchte – und natürlich in ihren Lieblingsfarben!

Wir brauchen:
- 2 x Schablone 2 aus Jeans
- Jeansstreifen, 4 x 10 cm
- 2 x Schablone 2 aus Blumenstoff als Futter
- 1 Reißverschluss, 35 cm lang, farblich passend

1. Als Erstes näht Sophie den Aufhänger. Wie das geht, seht Ihr auf Seite 10.
2. Nun werden die Ecken am Boden genäht. Sophie legt jedes Teil mit den Ecken nach oben auf den Tisch.

3. Dann klappt sie die seitliche, kurze Kante nach oben.

4. Jetzt steckt sie mit Stecknadeln die Ecke ab und zeichnet die Nahtlinie mit 1 cm an. Die Ecke abnähen und verriegeln. So werden nun alle 8 Ecken genäht.

5. Als nächsten Schritt näht Sophie den Aufhänger an die Seite eines Teiles. Nun kommt das Einnähen des Reißverschlusses: Hierzu benötigen wir einen speziellen Reißverschluss-Nähfuß für die Nähmaschine! Lasst Euch diesen von Euren Eltern zeigen und gleich an der Nähmaschine auswechseln! Es muss dann auch die Nadelposition nach links oder rechts gestellt werden!

6. Sophie legt den Jeansteil mit der Schlaufe vor sich auf den Tisch und steckt dann den Reißverschluss rechts auf rechts mit Stecknadeln fest.

7. Dann näht sie ihn mit dem Reißverschlussfuß an dem Jeansteil fest und verriegelt Anfang und Ende.

8. Danach wird das Futter am Jeansteil angenäht. Hierbei befindet sich der Reißverschluss in der Mitte von Jeansteil und Blumenstoff.

9. Nachdem Sophie alle drei Teile zusammengesteckt hat, näht sie diese zusammen.

Wenn Ihr zu eng am Reißverschluss entlangnäht, könnte es sein, dass er sich nicht schließen lässt. Dann müsst Ihr ihn nochmal heraustrennen und erneut einnähen!

Tipp

10. Nun ist eine Hälfte des Reißverschlusses eingenäht. Jetzt näht Sophie ihn auch beim zweiten Jeans- und Blumenteil ein.

11. Nachdem der Reißverschluss nun eingenäht ist, prüft Sophie, ob sich dieser auch schließen lässt.

12. Jetzt wird das Mäppchen zusammengenäht. Hierzu tauscht Sophie wieder das Nähfüßchen und stellt die Nadelposition wieder in die Mitte.

13. Nun legt sie beide Jeansteile und beide Blumenteile aufeinander. Achtung: Der Reißverschluss muss offen sein! Rundum steckt sie die Teile nun mit Stecknadeln zusammen und zeichnet dann die Nahtlinie mit 1 cm an.

14. Sie beginnt beim Futter. Hier bleibt eine Öffnung von ca. 10 cm, die sie später zum Wenden braucht.

15. Dann näht sie in einem Arbeitsgang das komplette Mäppchen zusammen. Sie näht auch über den Reißverschluss drüber.

16. Sobald das Mäppchen rundum zusammengenäht ist, wird der Reißverschluss gekürzt. Man lässt ca. 4 cm stehen und näht dann mehrmals vor und zurück. Dann schneidet man den Reißverschluss einfach ab.

17. Danach wendet Sophie das Mäppchen und näht die Öffnung im Futter mit der Nähmaschine zu.

18. Das neue Schuljahr kann kommen – so ein Mäppchen hat nur Sophie!

Jeansrock

Endlich ist es soweit: Mit diesem Schnitt könnt Ihr Euch Euren ersten Rock selbst nähen. Ob Ihr einen bunten Baumwollstoff nehmt oder ihn aus alten Jeans näht, ob Ihr Blumen oder Sterne darauf appliziert, ob Ihr die Länge kürzer oder länger machen wollt – mit diesem Schnitt könnt Ihr eine ganze Kollektion nähen. Leonie hat sich für alte Jeans und Blumen entschieden.

Wir brauchen:
- 6 x Schablone 3 aus alten Jeans
- bunte Jeansreste für die Blumen und etwas Klebevlieseline
- Gummiband, 3 cm breit. Die Länge richtet sich nach der Taille des Mädchens

1. Der Rock sieht extracool aus, wenn Ihr ihn aus alten Jeans näht. Leonie zerschneidet die Hosen und näht sie zu größeren Stücken zusammen. Insgesamt schneidet sie sechs Rockteile zu.

2. Danach bügelt sie die Blumen mittels Klebevlieseline auf. Mit Zick-Zack-Stich und buntem Nähgarn werden zuerst die Blüten und dann der innere Kreis aufgenäht.

3. Nun näht sie die Rockteile zusammen. Mit Nadeln feststecken, die Nahtlinie mit 1 cm anzeichnen und zusammennähen.

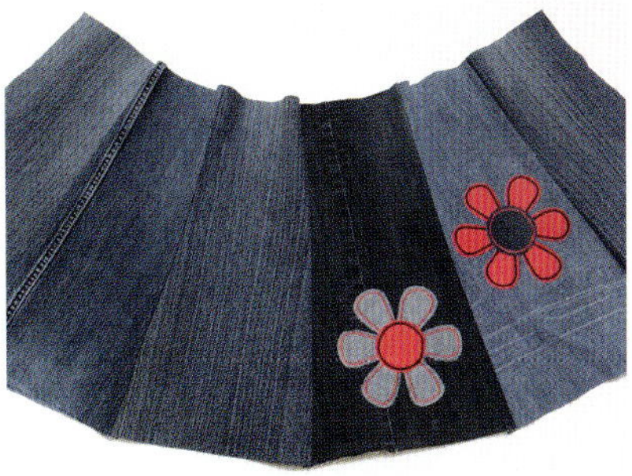

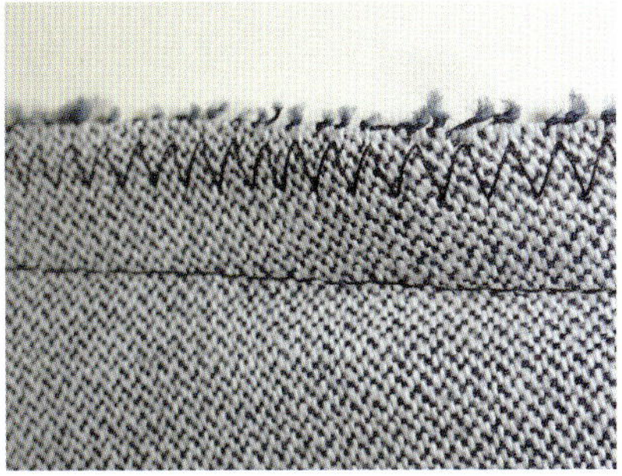

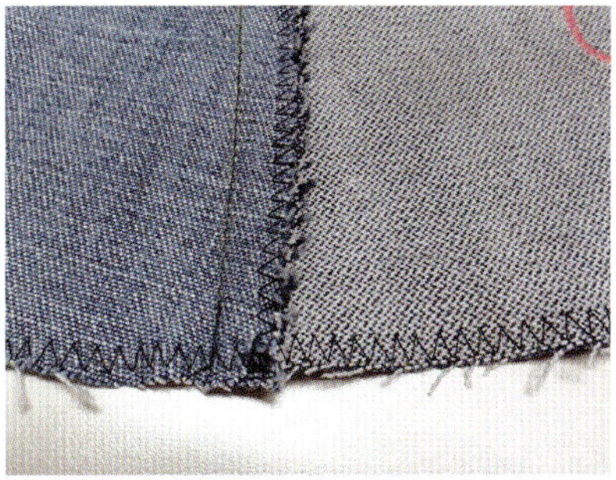

4. Nach fünf genähten Teilungsnähten sieht der Rock schon super aus. Schnell noch die letzte Naht schließen.

5. Auf der Innenseite werden alle Kanten mit einem Zick-Zack-Stich versäubert. Das ist nötig, da die Nähte sonst bei jedem Waschen ausfransen würden.

6. Leonie versäubert auch die obere und die untere Kante mit Zick-Zack-Stich.

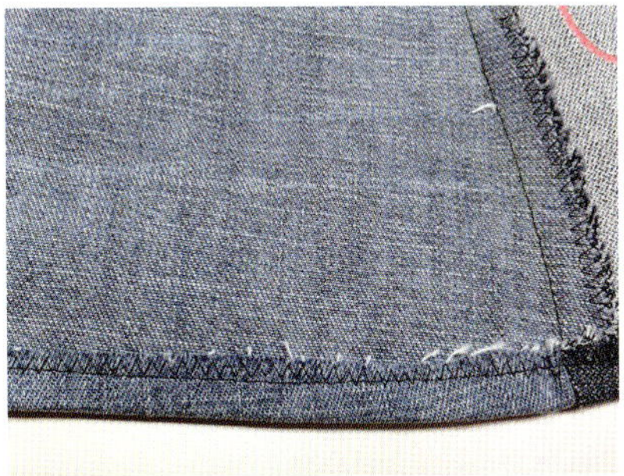

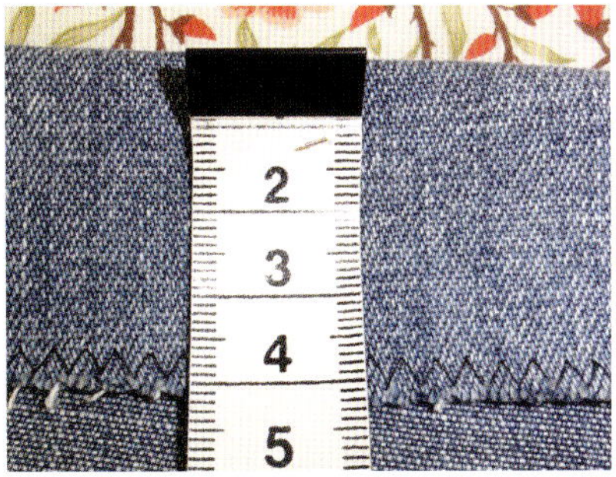

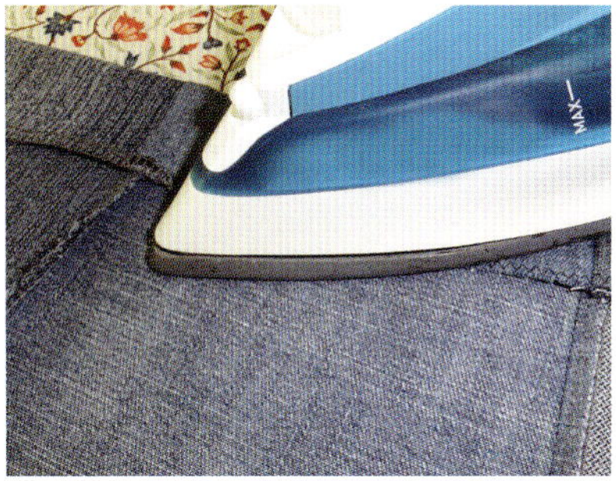

7. Dann näht sie den Rocksaum. Dazu bügelt sie 2 cm nach innen und näht den Saum mit Geradstich fest.

8. Nun wird das Gummiband eingenäht. Hierfür bügelt sie am oberen Rand 4 cm nach innen.

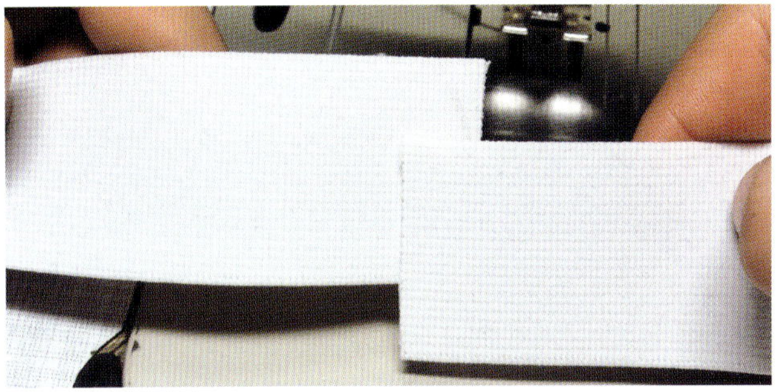

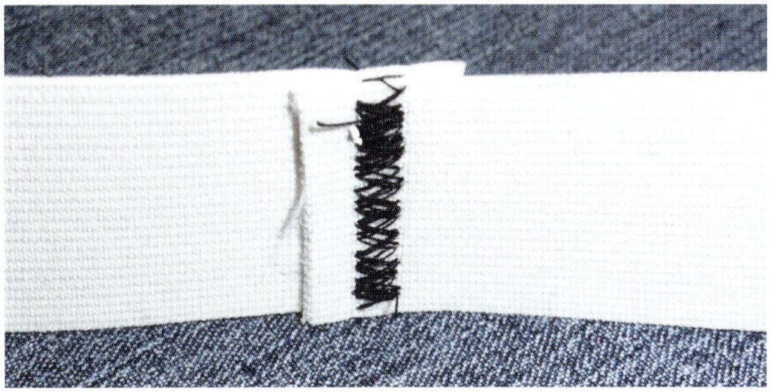

9. Nachdem sie die Länge des Gummibandes abgemessen und in der benötigten Größe abgeschnitten hat, näht sie es zusammen.

10. Nun legt sie das geschlossene Gummiband unter den 4-cm-Umschlag.

11. Sie klappt den Umschlag runter, steckt ihn mit Nadeln fest und näht ihn an. Achtung: Unbedingt darauf achten, dass Ihr das Gummiband nicht mitnäht!

Hannah und Sophie nähten nach dem gleichen Schnitt ihren Traumrock! Ihr könnt stolz sein!

Jeanstasche

Passend zum Rock näht sich Leonie diese geräumige Jeanstasche, ebenfalls aus alten Jeans.

Wir brauchen:
- 2 x Schablone 4 aus alten Jeanshosen
- 2 x Schablone 4 aus buntem Baumwollstoff
- bunte Jeansreste und etwas Klebevlieseline für die Blume
- Klettverschluss, 3 cm lang
- Jeansstreifen, 8 x 90 cm, für den Träger

1. Da für diese Tasche viele Arbeitsschritte, die Leonie schon gut kann, nötig sind, wird es ein Kinderspiel, diese Tasche zu nähen!
2. Alle Teile zuschneiden.
3. Die Blume wie beim Rock aufbügeln und aufnähen.
4. Die Ecken am Taschenboden wie beim Mäppchen (Seite 22) abnähen.

5. Dann sieht die Tasche schon so aus.

6. Dann die beiden Jeansteile rechts auf rechts legen, feststecken, die Nahtlinie anzeichnen und zusammennähen. Die Ecken müssen genau aufeinander passen.

7. Das Futter wird genauso genäht – Achtung: Die Öffnung von ca. 15 cm zum Wenden nicht vergessen!
8. Die Träger nähen. Leonie hat hier zwei Teile, die sie zuerst zusammennähen muss.

9. Die Träger der Länge nach zusammenlegen, feststecken und zusammennähen.

10. Leonie schiebt nun die Naht in die Mitte und bügelt sie auseinander.

11. Sie dreht den Träger mit Hilfe einer Sicherheitsnadel um und bügelt ihn.

Tipp

Wenn Ihr neben die Kante einen Kantenmagneten an der Nähmaschine anbringt, könnt Ihr wunderschöne gerade Nähte nähen!

12. Mit einem pinken Zick-Zack-Stich näht sie ein paar Schlangenlinien auf den Träger.

13. Jetzt steckt Leonie jedes Trägerende an die Seitennaht der Jeanstasche ...

... und näht diese fest.

14. Als Nächstes werden Jeanstasche und Futtertasche rechts auf rechts so zusammengesteckt, dass die Seitennähte aufeinanderliegen. Die Nahtlinie anzeichnen und festnähen.

15. Die Tasche wenden, das Futter wieder in die Tasche hineingeben und ...

... die obere Taschenkante bügeln.

16. Leonie näht nun die Kante ab, wobei sie die Nadelposition nach links stellt und den Kantenmagneten verwendet. Gleichzeitig näht sie die Wendeöffnung im Futter zu.

17. Den Klettverschluss feststecken und annähen.

Fertig ist die erste selbstgenähte Tasche!

Fahnengirlande
für drinnen und draußen

Fahnengirlanden kann man nie genug haben. Ob für eine Fußballparty, für die Gartenhütte, für das Gartentor als Willkommensgruß oder einfach als Geburtstagsgeschenk. Da Ihr Eure Fahne selbst näht, könnt Ihr Größe und Farbe der Fahnen und Länge der Girlande auch selbst bestimmen!

Wir brauchen:
- bunte Stoffe
- Schablone 5: 6 x pink, 6 x lila, 6 x orange
- 3 Streifen in Pink, je 6 cm breit x 145 cm lang
- Für die Fußballgirlande verwendet Tobi die Schablonen 6 und 7.

Solltet Ihr Stoffreste haben, könnt Ihr diese hierfür auch gut verwenden. Je bunter, je toller. Jede Fahne kann auch vorne und hinten unterschiedlich aussehen!

Tipp

1. Marie legt zwei Fahnenteile rechts auf rechts (schöne Seite) zusammen, steckt sie mit Stecknadeln fest und zeichnet die Nahtlinie auf.

2. Die Teile zusammennähen und an der unteren Ecke mit der Schere etwas beschneiden.

3. Die Fahne wenden. Mit der Spitze der geschlossenen Schere bringt sie die Fahne schön in Form und bügelt sie anschließend.

4. So werden alle Fahnen genäht. Dann legt sie die Fahnen auf den Tisch und schaut, in welcher Reihenfolge die Farben der Girlande am schönsten aussehen.

5. Die Stoffstreifen an der schmalen Kante zusammenstecken, 1 cm anzeichnen und zusammennähen.
6. Das fertige Band auf die fertige Breite einbügeln, siehe Seite 10.

7. Dann die Fahnen so aufteilen, dass links und rechts am Rand mindestens 50 cm Band übrigbleiben, damit Ihr die Girlande auch ordentlich befestigen könnt. Die Fahnen dann in das Band hineinstecken, mit Stecknadeln feststecken und festnähen.

8. Fertig und gleich aufhängen, Marie und Tobi!

Blumengirlande

Im Frühling nähen viele meiner Nähkinder besonders gerne diese Blumengirlande. Alle warten auf den Sommer, die Sonne und das Baden. Mit dieser kunterbunten Blumengirlande holt Ihr euch diese gute Laune auf die Terrasse oder den Balkon. Näht sie in Euren Lieblingsfarben – je bunter, je besser!

Wir brauchen:
- 14 x Schablone Blume 1 aus lila Fleece
- 2 x Schablone Blume 2 aus türkisem Fleece
- 2 x Schablone Blume 4 aus gelbem Fleece
- 10 x Schablone Blume 3 aus türkisem Fleece
- 2 x Schablone Blume 2 aus pinkem Fleece

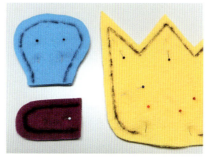

1. Leonie fixiert mit Stecknadeln die Blätter, zeichnet die Nahtlinie an, näht sie zusammen und wendet sie.

2. Jetzt legt sie einen Mittelteil auf den Tisch, verteilt die Blätter darauf, legt den zweiten Mittelteil darüber und näht alles gemeinsam zusammen. Die gelbe Tulpe näht sie einmal rundum ab.

3. So sehen dann alle Blumen aus.

4. Die letzten Handgriffe macht Leonie mit einer Nähnadel.

5. Je nachdem, wie lange die Girlande werden soll, näht sie die Blumen mit einem Faden zusammen.

6. Fertig! Leonie hängt die Blumengirlande gleich auf der Terrasse auf!

Stiftemäppchen zum Einrollen

Da Sophie leidenschaftlich gerne zeichnet, braucht sie jede Menge Farbstifte. In ihrem alten Mäppchen suchte sie immer sehr lange nach dem richtigen Farbstift. Aber das ist nun endlich vorbei. Nun hat sie einen tollen Überblick über ihre Stifte.

Wir brauchen:
- Jeans und Karostoff, je 48 x 21 cm
- Karostoff und Klebevlieseline, je 1 Streifen 8 x 48 cm
- Karostoff, 1 Streifen 38 x 8 cm (Band für Klettverschluss)
- ein Gummiband, 2,5–3 x ca. 90 cm
- einen Klettverschluss, 2 x 8 cm (weiche Seite)
- einen Klettverschluss, 2 x 4 cm lang (raue Seite)
- eine Sicherheitsnadel

1. Sophie wird ihr Mäppchen aus einer alten Jeans nähen. Ein Hosenbein abschneiden und dann entlang einer Naht das Bein auseinanderschneiden. Dann alle Schablonen, wie gehabt, zuschneiden.

2. Um den Stoff zu verstärken, bügelt Sophie den schmalen Streifen und die Klebevlieseline auf die Rückseite des karierten Stoffes auf.

3. Dann beginnt sie mit dem Annähen des Gummibandes. Hier kommt es auf die Größe der Farbstifte an. Einfach ausprobieren und je nach Größe der Stifte etwas größere oder kleinere Bögen abnähen. Auf alle Fälle sollen später mindestens 36 Stifte in dem Mäppchen Platz haben!

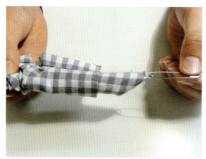

4. Danach näht Sophie die Schlaufe mit dem Klettband. Dafür den Streifen zusammenlegen, feststecken und seitlich 1 cm breit abnähen.

5. Den Streifen mit der Sicherheitsnadel wenden und so bügeln, dass die Naht in der Mitte des Streifens liegt.

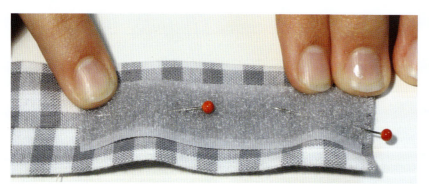

6. An einem Ende des Streifens den Stoff ca. 1 cm nach innen biegen und bügeln. Hier wird dann der Klettverschluss mit der weichen Seite aufgenäht.

7. Im Anschluss an das Gummiband wird nun der Streifen mit der offenen Kante so festgesteckt, dass der Klettverschluss zum Gummiband schaut, und angenäht.

Bitte bei jeder Naht am Anfang und Ende gut verriegeln. Die Farbstifte sollen ja fest verankert sein.

Tipp

8. Sophie steckt beide Teile zusammen und zeichnet die Nahtlinie an. Die Ecken rundet sie ab und lässt eine Öffnung von ca. 12 cm zum Wenden.

9. Sie beschneidet die Rundungen, wendet das Mäppchen und bügelt es.

10. Nun schließt Sophie die Öffnung, indem sie rundum das Rollmäppchen mit einer Naht fixiert.

11. Jetzt näht Sophie den zweiten Teil des Klettverschlusses auf. Dieser kommt auf die Rückseite und ans andere Ende des Streifens. Wickelt einfach euer Mäppchen zusammen und schaut selbst, wo die beste Position für den Klettverschluss ist.

12. Fertig!

Kulturbeutel

Tobi und Leonie nähen sich einen coolen Kulturbeutel. Das Tolle daran ist, dass man endlich mal alle Ziernähte der Nähmaschine ausprobieren kann. Ob Ihr die Buchstaben aus Fleece, aus Baumwollstoff oder aus Jeansstoff näht, könnt Ihr selbst entscheiden. Ach ja, dieser Beutel ist auch ein tolles Geschenk! Sophie hat ihn für ihre Oma zu Weihnachten genäht.

Wir brauchen:
- 2 x Schablone 8 aus alten Jeans
- 2 x Schablone 8 aus buntem Fleecematerial
- 1 Streifen Jeans, 6 x 18 cm, für die Schlaufe
- Fleecereste für Buchstaben und etwas Klebevlieseline
- 1 Reißverschluss, ca. 40 cm lang, und buntes Nähgarn

1. Wie beim Jeanskissen auf Seite 14 schneidet Tobi die Buchstaben zu. Da diese Buchstaben aber aus Fleece sind, muss er zum Aufbügeln einen Baumwollstoff darüberlegen, sonst kleben die Buchstaben am Bügeleisen fest.

2. Nun näht er jeden Buchstaben mit einem breiten Zick-Zack-Stich an.

3. Da Tobi einen total bunten Beutel haben möchte, näht er mit dem gleichen Nähgarn noch viele bunte Linien auf die Vorderseite und die Rückseite. Je mehr, desto besser.

4. Das Tolle daran ist, dass er dabei die Ziernähte der Nähmaschine ausprobieren kann.

5. Die nächsten Arbeitsgänge: Den Aufhänger nähen, die Ecken absteppen, den Reißverschluss einnähen und rundum zusammennähen. All diese Arbeitsgänge hat schon Sophie beim Mäppchen für die Schule genäht. Schau bitte auf Seite 22–25 nach, wie das geht. Dann ist der Beutel schon fertig.

6. Diesen Kulturbeutel hat nicht nur Tobi, sondern auch Leonie genäht.

Zottelmützen

Mützen kann man nie genug haben. Nach dieser Anleitung könnt Ihr endlich eine Mütze in Euren Lieblingsfarben nähen. Ob mit oder ohne Zotteln, ob einfarbig oder bunt – all dies könnt Ihr selbst entscheiden. Und für alle Schifahrer noch ein Tipp: Wenn Ihr diese Mütze ohne Zotteln näht, könnt Ihr sie unter dem Schihelm tragen. So sind Stirn und Ohren immer warm eingepackt.

Wir brauchen:
- 1 x Schablone 9 und 1 x Schablone 11 aus grünem Fleece
- 1 x Schablone 10 und 1 x Schablone 12 aus türkisem Fleece
- 1 Streifen 1 x ca. 60 cm aus türkisem Fleece
- Zottel Kopf: 1 Streifen 8 x 28 cm aus grünem Fleece
- Zottel Ohr: 2 Streifen 8 x 16 cm für Leonies Mütze aus gelbem Fleece

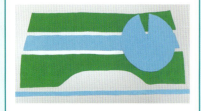

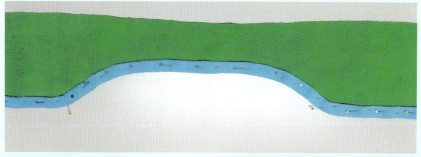

1. Tobi näht den schmalen Streifen an den untersten Teil an.

2. Bei dieser Mütze nähen wir alle Nähte auf der rechten Seite. Somit sieht man alle Nahtzugaben. Die Mütze wirkt gerade deshalb so zottelig-cool. Nun legt Tobi alle Teile links auf links, steckt sie mit Nadeln zusammen und näht die hintere Naht zu.

3. Dann werden alle Streifen aneinandergenäht.

4. Achtung: Auf der Rückseite müssen die Nähte aufeinandertreffen. Rundum steckt er alles mit Nadeln fest und näht beide Teile zusammen.

5. Alle drei Teile werden so gearbeitet.

6. Nun den Deckel zusammenlegen, feststecken und zunähen.

7. Tobi steckt den Deckel ebenfalls Naht auf Naht an die Mütze und näht diese beiden Teile zusammen.

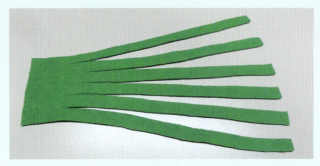
8. Nun schneidet er den Streifen für die Zottel ein, faltet den Streifen zweimal zur Mitte hin ...

... und näht ihn zusammen.

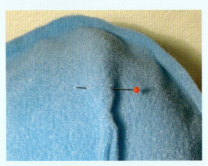
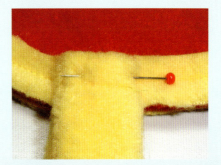
9. Jetzt platziert Tobi die Zottel am Deckel und näht sie an.

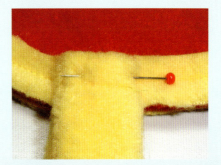

10. Leonie näht sich sogar noch Ohrzottel an ihre Mütze! Zuerst die Streifen dafür zuschneiden.
11. Dann die Zottel nach der Rundung feststecken und annähen! Fertig!

... passend zur Winterjacke ...

... in Euren Lieblingsfarben ...

Schablonen der Werkstücke

Schablone 2 – Mäppchen (100 %)

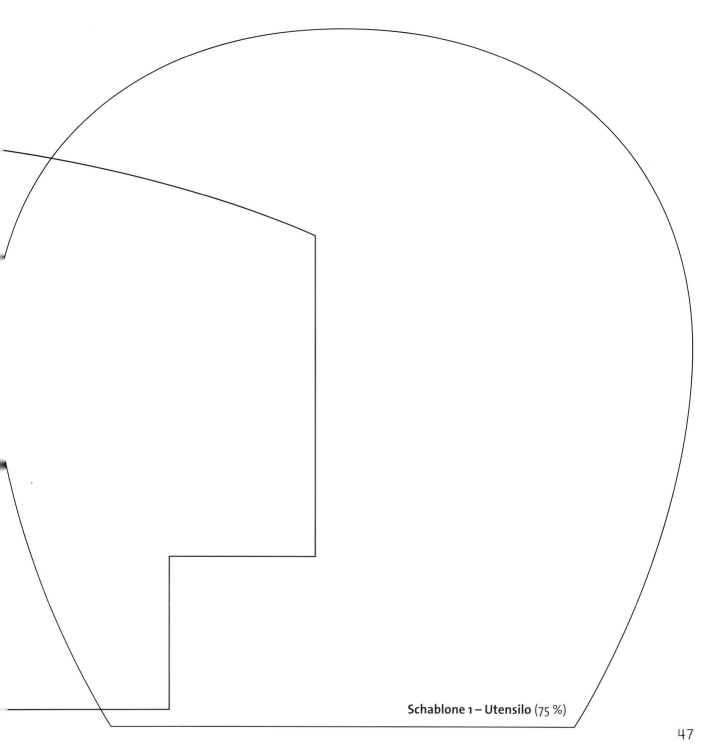

Schablone 1 – Utensilo (75 %)

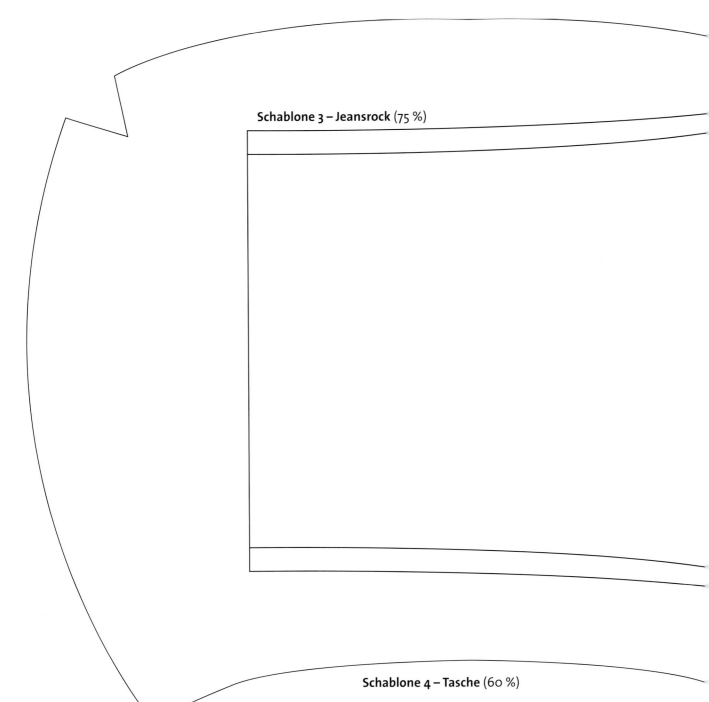

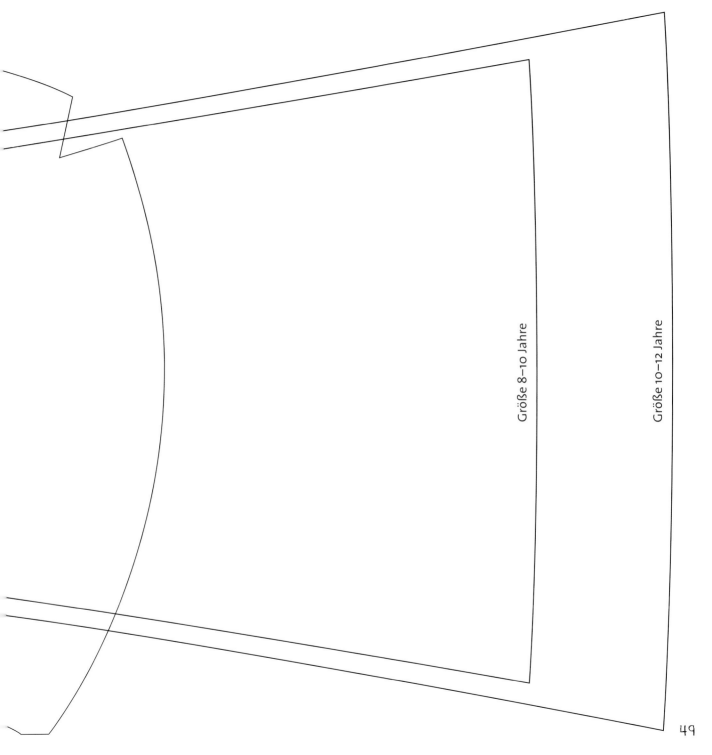

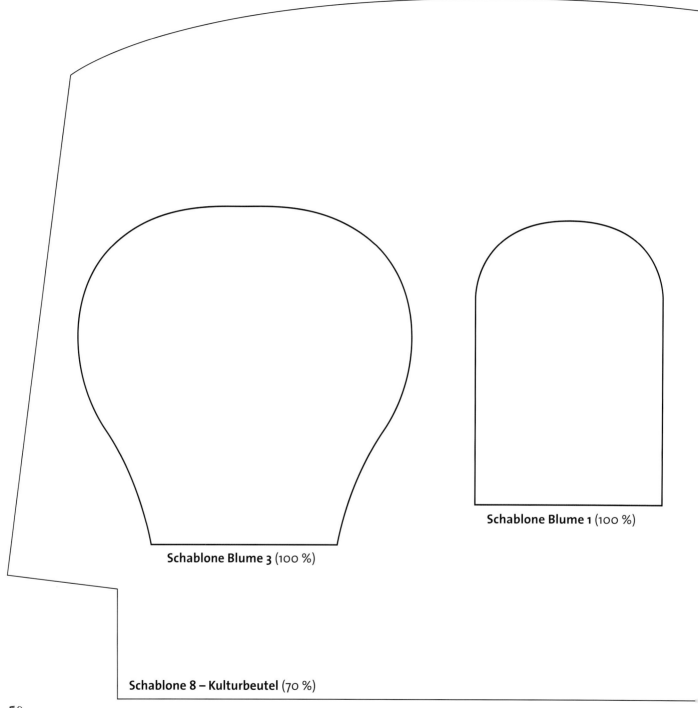

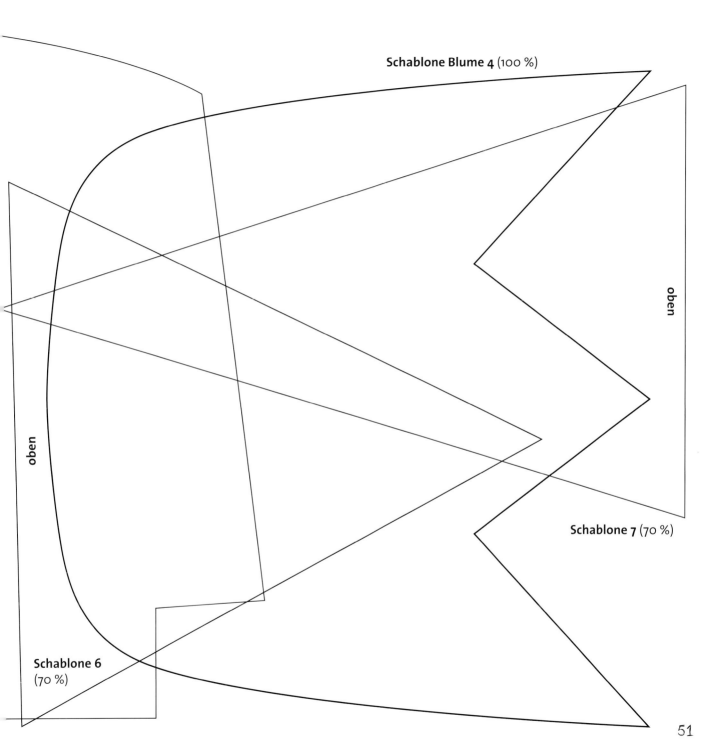

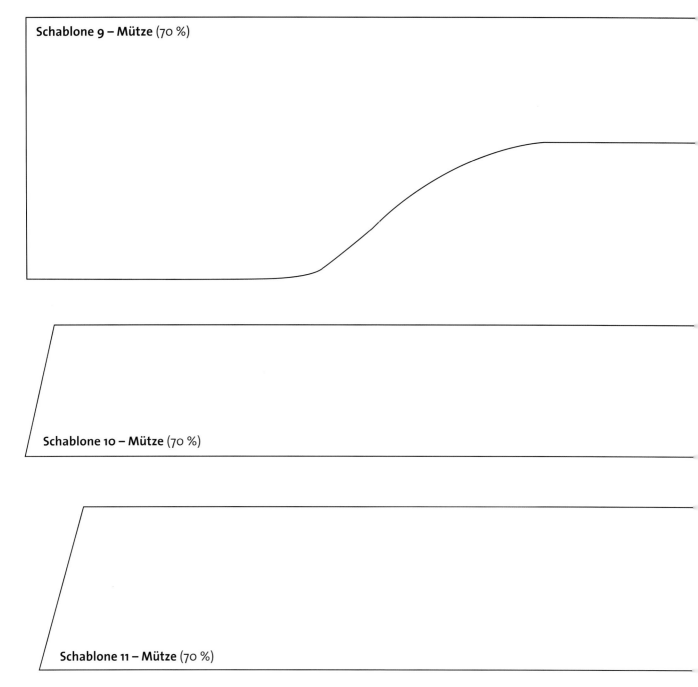

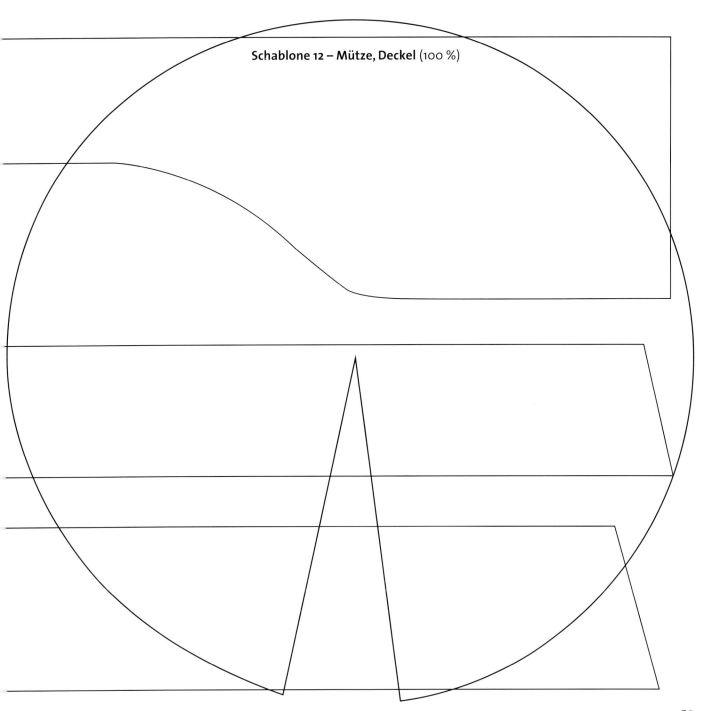

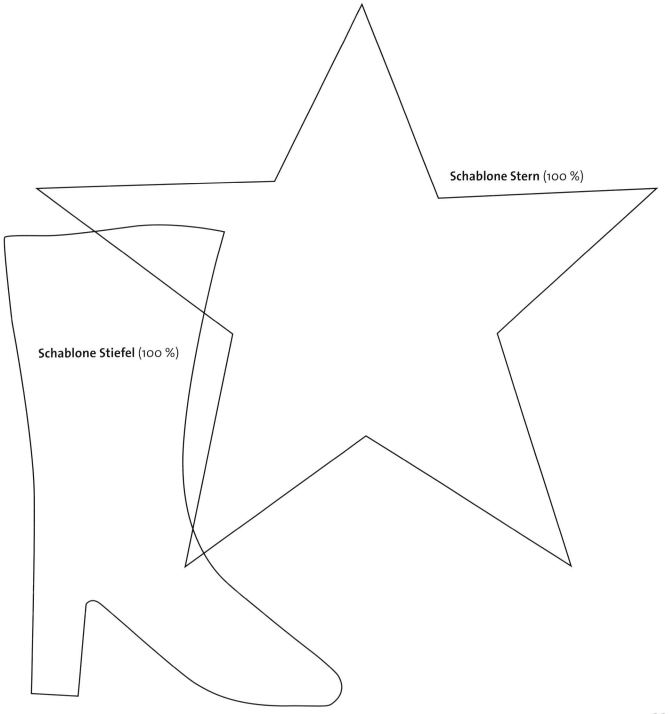

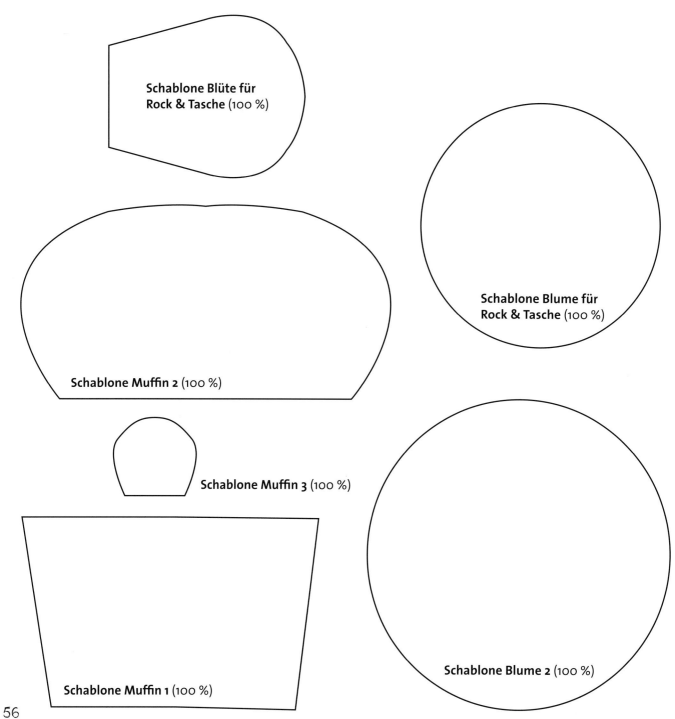

Danke!

Ich möchte mich bei meinen Nähkurs-Kindern für die tolle Mitarbeit an diesem Buch bedanken. Es hat sehr viel Spaß gemacht und Ihr könnt mächtig stolz auf Euch und Eure Werkstücke sein.
Danke an Tobi, Sophie, Marie, Hannah und meine Tochter Leonie!

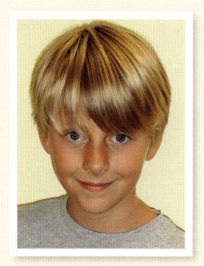

Über die Autorin

Birgit Pachler wurde in Baden-Württemberg geboren. Nach einer Schneiderlehre und einigen Jahren Praxis schloss sie das Studium zur Bekleidungstechnikerin ab.

Danach übersiedelte sie nach Graz/Österreich. Sie ist verheiratet und hat eine Tochter. Kreativität und textiles Gestalten ziehen sich wie ein roter Faden durch ihr Leben. Ihre Fertigkeiten konnte sie in unterschiedlichen Jobs – vom Maßatelier bis hin zur Bekleidungsindustrie – stets erweitern.

2009 eröffnete sie ihr Taschenatelier. Auch ihre Tochter nähte schon mit 4 Jahren an der Nähmaschine und somit war die Idee für Kindernähkurse im Atelier geboren.

Seit 2013 veranstaltet sie sämtliche Nähkurse in ihrem Nähcafé in Graz.

Aus unserem Programm

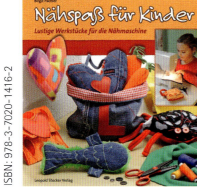
ISBN: 978-3-7020-1416-2

ISBN: 978-3-7020-1752-1

ISBN: 978-3-7020-1624-1

ISBN: 978-3-7020-1457-5

Leopold Stocker Verlag
Graz – Stuttgart